Frank Schulz · Gelegenheitsverse

Naturlyrik, Anfängerkurs

und andere
Gelegenheitsverse
von
FRANK SCHULZ

HAFFMANS VERLAG
BEI ZWEITAUSENDEINS

Erstausgabe
1. Auflage, November 2008

Copyright © 2008 Frank Schulz.

Alle Rechte vorbehalten, insbesondere das Recht der mechanischen, elektronischen oder fotografischen Vervielfältigung, der Einspeicherung und Verarbeitung in elektronischen Systemen, des Nachdrucks in Zeitschriften oder Zeitungen, des öffentlichen Vortrags, der Verfilmung oder Dramatisierung, der Übertragung durch Rundfunk, Fernsehen oder Video, auch einzelner Text- und Bildteile, sowie der Übersetzung in andere Sprachen.

Der gewerbliche Weiterverkauf oder gewerbliche Verleih von Büchern, CDs, CD-ROMs, DVDs, Videos oder anderen Sachen aus der Zweitausendeins-Produktion bedürfen in jedem Fall der schriftlichen Genehmigung durch die Geschäftsleitung vom Zweitausendeins Versand in Frankfurt am Main.

Umschlagbild von Wolfgang Herrndorf.
Produktion und Gestaltung von Urs Jakob,
Werkstatt im Grünen Winkel, CH-8400 Winterthur.
Satz: Fotosatz Reinhard Amann in Aichstetten.
Druck und Bindung: Offizin Andersen Nexö in Leipzig.
Printed in Germany.

Dieses Buch gibt es nur bei Zweitausendeins im Versand,
Postfach, D-60381 Frankfurt am Main, Telefon 069-420 8000,
Fax 069-415 003. Internet www.Zweitausendeins.de,
E-Mail info@Zweitausendeins.de.
Oder in den Zweitausendeins-Läden in Augsburg, Bamberg,
Berlin, Bochum, Bonn, Bremen, Darmstadt, Dortmund, Dresden,
2 x in Düsseldorf, in Duisburg, Erfurt, Essen, Frankfurt/Main,
Freiburg, Göttingen, Gütersloh, 2 x in Hamburg, in Hannover,
Karlsruhe, Kiel, Köln, Leipzig, Ludwigsburg, Mannheim,
Marburg, München, Münster, Neustadt, Nürnberg, Oldenburg,
Osnabrück, Stuttgart, Tübingen, Ulm und Würzburg.

In der Schweiz über buch 2000, Postfach 89, CH-8910 Affoltern a. A.

ISBN 978-3-86150-825-0

Inhalt

Vorwort 9

I. NATURLYRIK

Naturlyrik, Anfängerkurs 13
Der Braunbär 14
Der Affe 15
Der Regenwurm 16
Im Zaum 17
Im Zoo 18
Allegorie gegen Natur 19
Ameise und Bmeise 20
Bukolikulum 21
Jahreszeiten 22
Wie wird man eigentlich...?
Heute: Besamungstechniker 23

II. DICHTERDRANG

Dichterdrang 27
Lob des Quaigus 28
Des Dichters Phantasie 29
Kollege 30
Dichterschmerzen 31
Dreisatz 33

III. WELT & HUND

Herbst in alten Zeiten 37
Fernseh 38
Chantal Koslowskis Erleuchtung 39
007, 008, 009, 000 40
Geschürt, nicht gerüttelt 41
Durchsage 42
Meine Meinung 43
Riesige Wichte 44
»Hab ich nie gesagt!« (Karl May) 46
Der Olympionike 47
Geburtstagsverschen für
Heinz-Peter »Heiopei« Freese 48
Geschlechteralltag 49
Nikolaus 51

IV. DREIZEILER

Nachtigall 55
Welt 55
Darum 55
Karriereknick 56
Irischer Hattrick 56
Quiz 56
Traum 57
Christopher Street Day 57
Der Ober 57

Absinth 58
Unfallbericht 58

V. SCHELMISCHES

Die Ballade von Xtopia 61
Hamburgensie 67
Schade 69
Der alte Schelm 70
Fatal 71
Der Tycoon 72
Die Ballade von der urlaubsreifen Gattin 73
Der Nockel 74
Wie du 75
Der wahre Esel 76
Acht...neun...aus! 77
Stoßgebet eines Rentners 81
Smiley & Totenkopf 82
Abschied 84

Verzeichnis der Gedichtanfänge
und *-überschriften* 86

Vorwort

Sehr verehrter Leser, angebetete Leserin!

Mit diesem Bändchen halten Sie ein sorgfältig und liebevoll gestaltetes und verarbeitetes Produkt in Händen. Zudem ist sein Verkaufspreis knallhart kalkuliert.

Bitte beachten Sie, daß der Inhalt sich nichts anderem verdankt als rascher Abfuhr überschüssiger literarischer Energie, d. h. Daffke. Bitte daher möglichst nicht mehr Zeit für die Lektüre aufzuwenden als für die Herstellung.

Die Form des Inhalts sollte weitgehend den Standards der Gelegenheitsdichtung genügen, d. h. den Mindestanforderungen von Metrik, Reimschemata etc. (Hm. Wissen Sie was? Streichen Sie das »etc.«) Bitte folglich zur Kenntnis zu nehmen, daß sich der Begriff »Lyrik«, sollte er im Text, im Titel oder sonstwo auftauchen, dort ohne Befugnis aufhält. (Von mir hat er sie jedenfalls nicht.)

Mit einem noch so bunten Pfingstkarren können Sie kein Formel-1-Rennen gewinnen, mit der Rezitation der vorliegenden »Gedichte« keinen Blumentopf. Von entsprechenden Reklamationen bitte ich abzusehen. Sollten Sie den ein und anderen Vers dennoch als hinlänglich empfinden oder sich aus gemeineren Gründen amüsieren – so oder so verneigt sich tief

d. Verf.

P. S.: Etliche der folgenden Gedichte sind bereits im Rahmen meiner Online-Kolumne »Der Kolk-Rabe« (ca. Sept. 2005 bis Sept. 2006) auf der Zweitausendeins-Homepage erschienen; ein paar andere passim.

I. Naturlyrik

Naturlyrik, Anfängerkurs

Jene glitsch'ge Kaulquappe
ist wahrhaftig nicht von Pappe.

Weiter weiß ich jetzt nicht mehr.
Deubel, wat is' Dichten schwer.

Der Braunbär

Der Braunbär hat 'nen Arsch wie 'n Berg
Und Zahnreih'n wie zwei Gartenzäune
Sein Pimmel ist so groß wie'n Zwerg
Und sein Magen wie 'ne Scheune

In einem Wort, mal so gesagt
Mit dem ist nicht gut Kirschen essen
Nein, wer mit dem ein Tänzchen wagt
Der handelt gänzlich gottvergessen

Der Affe

Zausen einer Vogelscheuche,
angedrohte Maulschellen ...
Des Affen Sitten und Gebräuche
sind die durchaus konventionellen.

Haarig ist er. (Weil entbehrlich,
afterwärts jedoch bloß spärlich.)

Der Affe gafft gern, feixt – und saust
den Affenweibchen hinterher,
nachdem er sie galant gelaust.
Die Folge meist: Geschlechtsverkehr.

Der Regenwurm

»Sich regen bringt Segen!«
sagte sich der Regenwurm.
Drum kroch er verwegen
auf den höchsten Glockenturm.

Dem Küster hingegen –
entnervt vom bösen Wirbelsturm –
kam er ungelegen.
Er trat ihn platt, den Regenwurm.

Sich regen brächte Segen?
Von wegen.

Im Zaum

Riesenroßkastanienbaum!
Wie lieb du mir doch bist!
Belebst die Menge tristen Raum,

den ich nie je vermißt',
hielt' er nicht dich im Zaum,
o Riesenroßkastanienbaum!

Im Zoo

Wenn die Giraffen so putzig gucken
und die Zwerghühner schmutzig glucken;

wenn die Affen so stutzig zucken
und die Berglamas trutzig spucken;

dann – ja, was dann?
Na, dann kann man

sich nur doof und nichtsnutzig ducken.

Allegorie gegen Natur

Während Schnaken Klönschnack halten,
Bienen ihres Amtes walten.

Indessen Ais im Baume pennen,
Karnickel um ihr Leben rennen.

Wo die Karpfen lustvoll baden,
tät's den Katzen tödlich schaden.

Ja, so ist die scheiß Natur!
Von Sozialismus keine Spur.

Ameise und Bmeise

Aus jener hohen Eiche Krone
singt eine Ameise
frühmorgendlich. Doch, doch!
Sie kümmert nicht die Bohne,
daß ihre Weise
in Eichenwald und Wiese
gar viel zu leise ...

Noch nicht, sag ich. Noch.
Denn in der Abendbrise
grölt eine Bmeise
mordsmäßig in die Flur!

Egal. Die Ameise
bleibt stur.

Bukolikulum

Da steht er, der Kobold
Wie angewurzelt
Ein Schlimmer, ein Unhold

Und in seinem Schatten
Wie hingepurzelt
Da räkeln die satten

Feen sich im Gras
Da räkeln die satten
Feen sich im Gras ...

Jahreszeiten

Der Frühling so mild,
der Sommer gar wärmer.
Die Libido schwillt –
Der Spießer wird Schwärmer...

Der Herbst heult so scheußlich,
der Winter wird übler;
der Vagabund häuslich,
der Lebemann Grübler.

Wie wird man eigentlich …?
Heute: Besamungstechniker

Wie wird man eigentlich
Besamungstechniker?

Man sagt sich
Tagtäglich
Gern wär' ich
Das schwör' ich
Besamungstechniker!

Und wenn man mehr als flüchtig
Vielmehr tiefgläubig an sich glaubt
Und fleißig und tüchtig
Die dämlichen Kühe
Ein' nach der andern der Unschuld beraubt
Lohnt sich die Mühe

Und eh man sich's versieht
Hat man sein Fachgebiet

Und ist
Besamungstechniker

II. Dichterdrang

Dichterdrang

Samstagmorgen. Ich muß dichten,
um den Widerstreit zu schlichten,
der in meinem Inn'ren tobt
(Das Alphabet, es sei gelobt!)

Ein Widerstreit, der Lust und Last
zu unterscheiden tunlichst haßt.
(Denn beide wohnen, Last *und* Lust,
zur selben Zeit in meiner Brust.)

Der, um die Unvernunft zu bannen
(das Chaos sanft zu übermannen),
sie dennoch unterscheiden *muß!*
Nun, wozu ist man Pfiffikus,

sprich: Dichter? Um die Last zu formen
zu wahrer Lust und umgekehrt,
damit der Widerstreit enormen
Dichtungszuwachs ihm beschert.

Lob des Quaigus*

Grad saß ich noch unten, im Eiscafé
unter jener Linde, am Eppendorfer Weg.
Erwägte mal wieder das Autodafé
meiner schnöden Lyrik. Das große Privileg,
am hellichten Tage das Schöne zu sehn,
war mir kleinlich peinlich. Da plötzlich – was
                              war das!? –
erlaubte sich kühn, sich zu unterstehn,
ein Eichhörnchen, einen Verrat zu begehn:
Es flitzte so putzig und stutzte so schön,
daß ich sofort Quaigus um gütigen Erlaß
von dieser doch läßlichen Sünde ersucht'
und dann flugs enteilte auf meinen Kleinparnaß,
voll Reue und Sanftmut, entzückt und verrucht.

* Schutzgeist des Eichhörnchens

Des Dichters Phantasie

Der Dichterklause Fenster zeigt
auf eine graue Wand.
Der Dichter ist ihr zugeneigt,
erlebt sie als charmant.

Denn auf dieses Grau in Grau
läßt fein sich projizieren:
– der Frauen schöner Körperbau,
– die Bärte von Barbieren,

– der Hexen graus'ge Leichenschau,
– die Schlangen von Fakiren,
– der Auen heller Morgentau,
– der Schatz von Juwelieren ...

So wird die graue Perfidie
zum kunterbunt'sten Märchen.
Sie krümmt der Dichterphantasie
keins ihrer güld'nen Härchen.

Im Gegenteil:
Sie macht ihn geil.

Kollege

Beständig rennst du gegen Schund
Rings um das Erdenrund
Schon beim geringsten Schandbefund
Kommst tief du auf den Hund
Du stolperst über jeden Spund
Zu jeder Tagesstund'
Du haust dir selbst aufs Maul und
Tust prompt den Jammer kund
Als Dichter stets im Herz waidwund
Fühlst du dich ungesund
   (Ein dicker Demijohn Burgunder
   Bewirkt gen Abend dann das Wunder:
   Du ganz allein
   Vorm Ego-Schrein)
Und morgens geht es wieder rund
Beim Kampf auf Leben, Tod und Schund
Nicht wahr, Kollege des Klabund?

Dichterschmerzen

Schmerzen drücken, Schmerzen zwicken
Ob am Scheitel, ob am Zeh
Schmerzen schmerzen, Schmerzen knicken
Schmerzen sind 'ne Schnapsidee

Ob am Steiße, ob am Kinn
Schmerzen nerven eh
Schmerzen haben keinen Sinn
Schmerzen tun bloß weh

Geh zum Teufel, Schmerzensbrut
Ich hab dir nichts getan
Ich bin im Grunde herzensgut
Und du bist inhuman

Schmerzensdrecksau, Schmerzensdrecksack
Dich werd' ich mir kaufen
Du wirst in ein paar Schwenkern Cognac
Elendig ersaufen

Da! Nimm dies! Und jenes dort!
Ja, da staunst du, wie das brennt!
Ach, wie gut tut Schmerzensmord!
Schmerztyrann, mach's Testament!

Oh, wie wohl ist mir's am Abend
Den Schmerzenshund ersäuft *(hicks!)* habend!
Und die Taschen voller Geld!
Hei, was kostet *(hicks!)* die Welt ...!

Schmerz, das kostet sie. Am Morgen
Macht er kehrt, der Schmerzensdrecksack,
Bloß um mir einen Grund zu borgen
Für ein paar weit're Schwenker Cognac

Schmerzen drücken, Schmerzen zwicken
Schmerzen schmerzen, Schmerzen knicken
Schmerzen sind 'ne Schnapsidee
Im Hirn tun sie besonders weh

Dreisatz

Na, nu, was steht in deinem Buch?
Such, Dichter – Dichter, such!
Und worin, bitte, liegt sein Witz?
Sitz, Dichter – Dichter, sitz!
Taugt dieses Hundeleben was?
Faß, Dichter – Dichter, faß!

III. Welt & Hund

Herbst in alten Zeiten

Von all den Sommerfesten
Bleibt Rauhreif nur und Rost
Der Wind jagt nach Südwesten
Der Bauer nippt am Most

Es riecht nach Laub und Leder
Nach Torf und nach Kompost
Eine Fasanenfeder
Verkündet Abendfrost

Der Greisin frier'n die Glieder
Der Ofen wird beschickt
Das Kind summt Kinderlieder
Der Hund ist eingenickt

So herrscht' in früh'rer Zeit
Der Herbst, der herbe Mann
Mit Ungemütlichkeit
Heut macht man ganz spontan

Ja, schlicht und doch urban
Heizung und Fernseh an

Fernseh

Auf Pro 7 grinst ein Model.
(»Ich grinse, *ergo ego sum.*«)
Ungerührt spiel' ich am Troddel
meiner Kaffeemütz' herum.

In der Küche kühlt der Kühlschrank
Bier und Gurken, Speck und Ei.
Auf 3sat explodiert ein Öltank,
herrscht Hungersnot, ja Barbarei.

Doch da: Sat1! Elf nackte Frauen,
wie sie keck und volles Pfund
das Fernsehpublikum versauen!
Wer sagt's denn, stimmt's? Die Welt ist bunt.

Chantal Koslowskis Erleuchtung

Ken-Kevin kifft.
Sven-Marvin snifft.
Ben (11) schifft noch ins Bettchen.

Marina boxt.
Alina kokst.
Sabrina bumst wie 'n Frettchen.

Der Kater kackt
im Stundentakt
unter die Kommode.

Der Fernseh läuft.
Der Alte säuft.
Der Wahnsinn hat Methode...

007, 008, 009, 000

Thriller gestern:
Der Witz des Detektivs: lakonisch.
Das Gangstergrinsen: strikt sardonisch.
Des Richters Strafmaß: stur drakonisch.
Die Liebe aber: streng platonisch.

Thriller heute:
Der Boß, der Killer: megacool.
Der Inspektor: Blut im Stuhl.
Sein Assistent: milchzickenschwul.
Die Leidenschaft: ein Sündenpfuhl.

Thriller morgen:
Die Guten: gut. Die Bösen: schlecht.
Der Kommissar: ein toller Hecht.
Die ganze Welt: total gerecht.
Das Leben: falsch, doch täuschend echt.

Geschürt, nicht gerüttelt

Sein Name ist Bond,
James Bond.
Das Girl, es ist blond,
schön blond.
Jawohl, Bond ist Schond.
Na ond?

Durchsage

Trotz tausend Rück- und Zwischenschritten
hat Wissenschaft stets fortgestritten.
Hier fassen wir die jüngsten strammen
Hypothesen knapp zusammen:

a) Der liebe Gott ist tot.
b) Die Erde wird nicht rot.
c) Sie ist vielmehr bedroht.
d) Es hilft kein Antidot.

Hat noch jemand eine Frage?
Niemand? – Ende der Durchsage.

Meine Meinung

Sehr geehrte Dam'n und Herrn,
meine Meinung sag' ich gern:

Rassentrennung in Schwarz/Weiß?
Ein hanebüch'ner Fascho-Scheiß.

Dichotomien wie Linke/Rechte?
Auch nichts, das ich streng verfechte.

Grönemeyer, Westernhagen?
Schlagen schlimm mir auf den Magen.

Macintosh und Microsoft?
Überzeugen mich nicht oft.

Für kriegerische Übergriffe
Hab übrig ich bloß Buhs und Pfiffe;
Auch die Qual von Tieren
Geht mir an die Nieren;
Furchtbar find' ich Fememord,
Und so weiter und so fort.

Doch daß die Welt sich weiterdreht,
Zeugt meiner Meinung nach
Von toller Jovialität.
Schönen guten Tach.

Riesige Wichte

Als Charge, Knalldepp, als Clown und
 Maskottchen,
als Goofy und Doofi und doppeltes Lottchen,
mit Luftballons, Bonbons, Vergißmeinnicht,
in Fußgängerzonen, auf Märkten und Messen,
Konzerten, Gala-Events und Kongressen –
stets folgt dir beharrlich ein riesiger Wicht.

Nicht? – Folgender Nachweis: Vor den Gemüse-
kisten des Supermarkts in unser'm Stadtteil
albert seit gestern ein knallbunter Riese
von einem Wicht herum und bietet diese
oder auch jene Ananas feil.

Anderes Beispiel: Unter dem Flutlicht
im städtischen Stadion, vor zehntausend Leuten,
hampelt am Spielfeldrand wie nicht ganz dicht
ein unsäglich dämlicher Riesenwicht
rum. Was, bitte schön, soll das bedeuten?

Sie finden sich lustig, benehmen sich kindisch,
kaspern umher und freuen sich hündisch;
sie nennen gigantische Ohren ihr eigen
und droh'n jederzeit zum Kuscheln zu neigen;
stumm und töricht die starre Visage,
in puncto Würde die reinste Blamage;

sie tapsen und plumpsen und können's nicht
    lassen;
sie wackeln so ulkig mit dickem Popo –
kurzum: unterbieten das flachste Niveau
so virtuos wie ein Limbotänzer...
Sie sind, um es endlich zusammenzufassen,
die Viren bei einer Art Schund-Influenza.

Was soll'n uns nur all jene Wichte sagen?
All jene knallbunten Wichte sagen,
die ständig ihr knallbuntes Unwesen treiben,
sich jedem Ereignis und Unfug verschreiben?

Vielleicht ja nur das hier:
»So nichtig wir Wichte, so wichtig seid ihr.«

»Hab ich nie gesagt!« (Karl May)

Zigarette, ekles Ding!
Taugst mir keinen Pfifferling!
Bringst mich bloß anstatt auf Trab
eines schönen Tags ins Grab;

eines wunderschönen Tags,
den ich eben nicht erleb',
weil ich pfeilgerad-schnurstracks
meinen Löffel wo abgeb'?

In Teufels Küche!
(»Böse Flüche
tuen selten gut«,
so Karl May [»Der Schut«]).

Zigarette, ekles Ding!
Taugst mir keinen Pfifferling!
Ich hust' dir was! (Jawohl, ich wag's
eines wunderschönen Tags.)

Der Olympionike

I

Es war einmal
Ein Olympionike
Der lebte loyal
Für die Antike

Er warf seinen Diskus
Von hier bis nach dort
Da riß sein Meniskus
Und schmerzte hinfort

Und schmerzte
Und schmerzte
Herrje
Tat das weh

II

Es war einmal
Ein Olympionike
Dem war die Antike
Fortan scheißegal

**Geburtstagsverschen für
Heinz-Peter »Heiopei« Freese**

Heute wirst du neununddreißig
und bist immer noch sehr fleißig.
Hanteln wuchten, Bänke drücken,
breit wie'n Porsche ist dein Rücken.

Gerne zeigst du Schenkelmuskeln
oder deine Halskorpuskeln.
Dick wie'n halber Arsch dein Bizeps
(dito, vice versa, Trizeps).

Stemmen kannst du Riesenbatzen,
bis dir fast die Adern platzen.
Trotzdem bist du gar kein Streber,
sondern doof wie'n Tortenheber.

Geschlechteralltag

1. Die Dramen der Damen

Selter; Sekt; Salat; Gegreine;
Krähenfüße; Fliegenbeine;
Nagelbruch; Spaghettiträger
reißt – da feixt der Schürzenjäger;

nix zum Anziehn; nix zu lachen;
nix zum Leidenschaftentfachen;
Absatz ab; Laufmasche; Spliß;
Seitensprung – Gewissensbiß;

Gürtel klemmt und Zwickel kneift;
Göre flennt und Gatte keift ...
Derlei schrill-illustre Dramen
sind das täglich Brot der Damen.

Und der Herr sagt ja. Und amen.

2. Die Pannen der Mannen

Bill'ger. Mehr. (Muß!) Dicker. Breiter.
Alu. Akku. Axt. Asbest.
DAX. Fax. Uffz. Karriereleiter.
Bier. Schnaps. Skat. Geld. Warentest.

Fußball. Ficken. Formel 1.
Brachiale Lösungsformen.
Dies ist meines. Jenes deins.
Regeln. Uniformen. Normen.

Boxen. Luder. Bruderkuß.
Heer. Hecht. Handy. Herrenreiter.
Hals- und Beinbruch. Prost. Gut Schuß.
Immer gradeaus. Und weiter.

Denkste! schnippt die Dame. Schluß!

Nikolaus

Am 6.12. pinkelt dreist
Der Nikolaus dir in den Schuh
Drum schnür' ihn lieber feste zu
Bevor er dir zudem reinscheißt

IV. Dreizeiler

Nachtigall

Auf den stramm gezurrten Strapsen
Jeder meiner Hirnsynapsen
Hör ick, Nachtijall, dir trapsen!

Welt

Die Welt ist unermeßlich
Mal schön, mal schrecklich häßlich
Zum Glück lebt man vergeßlich

Darum

Weswegen auf diesen genialen Dreizeiler
niemals auch nur einer gekommen? Dieweil er
so geil ist! (Ich selbst nur bin noch etwas geiler!)

Karriereknick

Es war mal ein Dandy aus Limerick
Der wähnte sich Hauptmann von Köpenick
Bis zum Schuß ins Ge- *päng!*

Irischer Hattrick

Ein Porter auf St. Patrick!
(Gleich ist er voll, der Hattrick...
Jetzt: Slainte auf die Metrik!)

Quiz

Im Fernsehn läuft 'n Quiz.
Blamiert sich wer? Gewiß.
That's it: Showbusiness.

Traum

Zu kurz blinkte die Wade
Jener Weihernajade
Im Schilfe auf. Tja, schade

Christopher Street Day

Ach, lieber guter Herr Gendarm!
Dein Martinshorn hat irg'ndwie Charme!
Kann das auch Vibrationsalarm?

Der Ober

Es machte sich einmal ein Ober
'nen Reim auf dreizehn Heuschober
Nur so, aus lauter Zinnober

Absinth

Absinth, Absinth
Du treibst uns blind
Ins Labyrinth

Unfallbericht
(Kurzfassung)

Zutiefst beschwipst
Licht ausgeknipst
Arm eingegipst

V. Schelmisches

Die Ballade von Xtopia

Wir schreiben zweitausendundzehn.
Die Macht hat das Privatfernsehn.
Deutschland – ein Elysium,
denn alle Menschen sind strohdumm.

Da plötzlich hört man das Gerücht,
es existiere ein Gedicht,
welches einwandfrei beweist,
Gewalt sei stärker als wie Geist!

Das wär' 'ne Riesensensation.
Ja, 's wär' die dritte Dimension!
So was hat's noch nicht gegeben.
Die Nation durchtost ein Beben.

Sowohl in Talkshows wie Gazetten
werden schon im Vorfeld Wetten
abgeschlossen, daß den Geist
nie etwas wie »Gewalt« verschleißt.

And'rerseits wird spekuliert –
und zwar sogar recht ungeniert –,
ob die Moral von dem Gedicht
nicht vielleicht dagegenspricht,

daß man's überhaupt probiert,
bevor man sich aufs Blut blamiert.
Der greise Grass etwa gemahnt
an »schlimm're Folgen, als man ahnt«.

Doch im Editorial
des SPIEGEL heißt es jovial,
Doktor Aust erböte sich:
»Versuch's, ›Gewalt‹! Los! Töte mich!«

Das hätte er nicht schreiben sollen.
Denn daraufhin – mit falschem Schmollen –
bezichtigt in 'nem off'nen Brief
V. Klitschko Aust, er sei »naiv«.

Naiv! Der SPIEGEL-Chef! Hört, hört!
Das hat den eminent gestört.
Im nächsten Heft vom Magazin
wirft er den Fehdehandschuh hin:

»Doktor versus Doktor. Das
ist fair.« Geradezu orgas-
misch jubelt schon der Boulevard:
»Kampf perfekt! Im Januar!«

Endlich ist die Zeit dann reif
für die Übertragung, live,
direkt aus der Westfalenhalle.
»Alle sind gekommen. Alle«,

berichtet fröhlich Doktor Jauch:
»Gina Wild, Sybille Rauch,
Doktor Schröder, Doktor Becker,
Doktor Raab und Doktor Wecker,

Doktor Cordalis, 's Küblböck,
Fischer, Schneider, meck, meck, meck,
Doc Bohlens intellektuelle
Damenriege, Westerwelle ...

... doch nun geht's los!« Über die Seile
klettert ohne Hast und Eile
Doktor Klitschko. Finten hauend
und auf seinem Mundschutz kauend,

tänzelt er gekonnt umher.
Das Publikum johlt um so mehr,
als der haushohe Favorit
nun ebenfalls den Ring betritt,

und während dessen Lesebrille
Macht, Überlegenheit und Wille –
kurzum: Geist – zum Ausdruck bringt,
das Publikum um Fassung ringt:

»Ste-fan-Ste-fan«-Chöre schallen
durch die stark verschwitzten Hallen.
Dann endlich schwenkt voll Übermut
ein Nummerngirl den Doktorhut:

Ring frei zur ersten Runde. Gong.
»Jetzt gibt es was auf den Ballon«,
freut sich Herr Aust voll Zuversicht.
Wie recht er hat, das ahnt er nicht.

»Wie heißt die Hauptstadt der Ukraine?«
eröffnet Doktor Aust das kleine
Intellektualscharmützel
und genießt den geilen Kitzel,

der ihn reizt, wenn sein Esprit
sich vermählt mit Ironie
und folglich diese jenem frommt.
Die Antwort allerdings kommt prompt:

Mit dreiunddreißig Komma acht
Stundenkilometern kracht
des Ukrainers Eisenfaust
an das Kinn von Doktor Aust.

Unter einer Endzeitlupe
tutet eine Art von Hupe
dem recht laut ins rechte Ohr.
Zumindest kommt es ihm so vor.

Doktor Klitschko unterdesssen
hält es scheint's für angemessen,
auf dem Mundschutz rumzulutschen
und den Bizeps abzuknutschen;

seinen eig'nen, wohlgemerkt.
Trotzdem eklig. Wie verzwergt
hingegen wirkt nun Doktor Aust.
Als ob's ihm vor der Wahrheit graust',

hält er seine blauen Augen
fest geschlossen. Recht viel taugen
tun sie ohnehin nicht mehr.
Doktor Klitschko spreizt sich sehr.

Doktor Jauch kann es nicht fassen
und schneidet mehrere Grimassen:
»Der Intellekt – glatt ausgeknockt …
Das Publikum – total geschockt …«

Seit jenen denkwürdigen Sachen
ließ nie jemand mehr im Land
sich ein X für U vormachen.
Privatfernsehn wurde verbannt.

Das Elysium zwar vorbei,
aber alle waren frei
und vor allem furchtbar schlau:
Jeder Esel wußt' genau,

daß Gewalt Geist überlegen.
Das Gedicht, das dies bewies –
war's insofern nicht ein Segen,
obgleich's nichts eben Gut's verhieß?

Hm. Irgendwas an dem Gedicht
stimmt doch a priori nicht.
Dennoch hast nun du die Pflicht:
Find' die Moral von der Geschicht!

Hamburgensie

Fiete liebt Fips Asmussen
und gespickten Aal.
Jette schwärmt für Henry Vahl
und lila Sesselhussen.

Montags gibt das immer Labskaus,
Jette läßt nie nix verkommen.
Fiete supt danach beklommen
seinen Vorrat Magenschnaps aus.

Fiete hat 'ne neue Mütze,
Jette sie gleich eingemottet:
»Nützt ja nix, weil drinne rottet
doch ja bloß die alte Grütze.«

Von 'ne Schicht nach Hause
torkelt Fiete, büschen dun.
Um sich 'n Gefall'n zu tun,
scheucht ihn Jette in 'ne Klause.

Fiete kloppt 'n scheunen Skat:
Grand mit allem Zubehör.
Jette trinkt zu Haus Likör
und deklamiert das Götz-Zitat.

Fiete hat 'n Barsch geholt
und in Moltofill gebraten,
Jette dafür mit'm Spaten
ihm den Arsch versohlt.

Jette hat den Flur gewischt,
Fiete Schiete an'ne Schuh.
Jette hat daraus Ragout
geschmort und Fiete aufgetischt.

Jette hat die Kök getüncht,
Fiete mit'm Kopp gewackelt,
Jette gar nicht lang gefackelt
und ihn mit'm Schlips gelyncht.

Schade

Zu saufen, zu zocken
Philister zu schocken
Und Nutten und Lügen
In Gold aufzuwiegen
Den Heidnischen Chören
Gefolgschaft zu schwören
Herrje, das macht einen höllischen Spaß
(Vor allem dem Deubel, dem Aas)

Der alte Schelm

Wenngleich ich's morgens oft bereute:
Ich war des Brandys leichte Beute.
Wiewohl ich sie oft veruntreute:
Ich liebte Zaster, Land und Leute.
Obzwar ich Tod und Teufel scheute:
Ich hatte hundertneunzig Bräute.

Ich war ein rechter Tausendschelm.
Ganz ohne Gummi, Haus und Helm.
Doch heute bin ich sterbenskrank.
Ich bräuchte einen Zaubertrank,
damit ich jener Geiermeute
dort droben mehr als Aas bedeute-

te!
Hehe!

Fatal

Bau dir ein Haus
oder geh auf die Reise –
die Art und die Weise,
wie du darbst und verdirbst,
läuft aufs selbe hinaus:
Du stirbst.

Der Tycoon

In der Nase, unverhohlen,
bohrt der Tycoon Dieter Bohlen.
Dabei gehört sie ihm nicht mal!
So was nennt man asozial.

Die Ballade von der urlaubsreifen Gattin

Würd' so gerne meine müden
Schultern legen in den Sand,
der da unten, tief im Süden,
liegt zuhauf am Meeresstrand.

Würd' so gerne meine kalten
Finger wärmen in dem Sand,
der da unter dem uralten
Sonnenschein der Zeit entstand.

Würd' so gerne meine wehen
Füße bohren in den Sand,
um in Muße zu vergehen
wie das ganze schöne Land.

Ja, ich würd' auf der Strandmatte
dösen – friedlich, frei, gerecht –,
hätt' nicht mein verfluchter Gatte
unser Urlaubsgeld verzecht.

Keine Schwedischen Gardinen
würden mein Gesicht verschleiern,
und kein Aal könnt' sich bedienen
von des Gatten kalten Eiern.

Der Nockel

Es war einmal ein Nockel,
den juckte es am Steiß.
Da packte er sein Zockel
und zog ins ew'ge Eis.

Dort fror er wie ein Hampel,
doch 's Jucken war vorbei.
Da schnappte er sein Zampel
und reiste in den Mai.

Im Mai, da fand er's schön,
doch 's juckte ihn am Sack.
Es juckte sehr obszön.
Er zog nach Schabernack.

Dort herrschte täglich Füg und Rag
bis in die tiefe Nacht.
Der Nockel, er genoß den Phag
und ist nie wieder aufgewacht.

Wie du

Gleich gehe ich zu Bett.
Da ist es meistens nett:
Ich mach' die Augen zu
und habe meine Ruh.

Ich träume von Krawall,
ganz ohne Schuß und Schall;
ich träume auch von Sex,
fast ohne Schuldkomplex;

ich träume, Fehler zu beheben,
und von 'nem etwas leicht'ren Leben;
ich träume dies und träume das.
Mitunter schwitze ich etwas.

Am Morgen bin ich so wie du
und leg' mich abends wieder hin.
Ich mach' die Augen einfach zu
und befrag' mich, wer ich bin.

Der wahre Esel

Es war (ein)mal ein Esel,
der war intelligent.
Da kam (zwei)mal – ein Schnösel,
der war impertinent.

Das erste Mal schalt er ihn »dumm«
(das nahm der Esel hin);
das zweite Mal, da blieb er stumm.
»Das ist doch Widersinn«,

so sprach nämlich der Esel:
»Wenn ich zu dumm bin – dir,
impertinenter Schnösel –,
was willst du dann von mir!?«

Da blieb der Schnösel stumm.
Da fiel ihm nichts mehr ein.
Er nahm's dem Esel krumm
und brach ihm 's Nasenbein.

Moral:
Intelligenz, sie kappt und stutzt
Impertinenz der Schnösel.
Doch wer sie nur *dazu* benutzt,
der ist und bleibt ein Esel.

Acht ... neun ... aus!

I

Blüht der Raps,
knallt der Straps!
(Zumindestens
Marillenschnaps.)

II

Bei prekärer Ruh im Glied
stärkt 'n strammer Aquavit.

III

Ein eitel Liter Dujardin
erzeugt 'nen amourösen Teint.
Sodann ein doppelter Likör
macht aus 'nem Depp 'nen Ingenieur,
und selbst der kleinste Gartenzwerg
erscheint dir wie ein Wunderwerk
nach dreizehn Dutzend Underberg.

IV

Punsch auf Palmolive-Basis
zeitigt sukzessive Krasis.
Smegma pur nach Sliwowitz
konfisziert den Sprachbesitz.
Krambambuli gemischt mit Sekt
ruiniert den Intellekt,
nivelliert den Triebaffekt,
objektiviert das Ich (Subjekt) –
ergo, vulgo: Arsch geleckt.

V

Wider Tand und Talmi
tut 's 'ne Tüte Salmi.
Gegen schlimm'ren Tort
braucht 's 'ne Pulle Port.

VI

Ouzo zum Bier
wirkt wie'n Klistier.

VII

Beim Bier sag' nie
statt Prost Santé!
Das nimmt dem Harnstrahl
den Effet!

VIII

Cognac im Tee?
Schnapsidee.

IX

Der gewiefte Kavalier
kann allerhand verdau'n.
Mit Ausnahme von warmem Bier
und kalten Frau'n.

X

Vollmondtoll.
Wein, Weib. Gesang in Dur.
Mittags wach.
Und schwach.
Und Schwur.
Gegreint in Moll.

Stoßgebet eines Rentners
Mit patzigen Antworten vom lieben Gott

Ruhestand, du lieber Gott!
Jeden Tag der gleiche Trott!
Nichts zu tun und nichts zu machen ...
Lieber Gott: ... und nichts zu lachen.

Lieber Gott, was soll denn das!
So ein Leben ist kein Spaß!
Nichts zu zaudern, nichts zu zanken ...
Lieber Gott: ... tja, nichts zu danken.

Lieber Gott, so hilf mir doch!
Aus dem langweiligen Joch!
Nichts zu werkeln, nichts zu stricken ...
Lieber Gott: ... und nichts zu saufen.

Teufel auch! Jetzt hab ich's satt!
Ich häng mich auf! Da bist du platt!
Ich hab genug von deinen Zoten!
Lieber Gott knüpft ihm den Knoten.

Smiley ☺ & Totenkopf ☠

1

☺ spricht zu ☠:
»Verflixt, ich smile mir noch 'nen Kropf!
Das Leben ist so lebenswert!«
Was ☠ den Teufel schert.

2

☠ zu ☺ spricht:
»Ich mag dein blödes Smilen nicht.
Es wirkt so schnöd, so fade.«
Drauf ☹ öde: »Schade.«

3

Wenn ☺ ☠ mal küßt,
es ☹ prompt mit Kopfschmerz büßt.
Denn ☠ vergilt 'nen Kuß
grundsätzlich per ☠nuß.

4

Steht ☹s Leben Spitz auf Knopf,
sabbert geil ☠.
Doch smilet ☺s Smile wieder,
kotzt ☠ Stein, Bein und Flieder.

5

Mag ☺ jeden Hans und Franz,
tanzt ☠ gern Totentanz.
Schwärmt ☺ von Erotik,
schwört ☠ auf Gotik.

6

Wenn ☹ und ☹ sich zanken,
meist ☠ ist's zu verdanken.
Wenn ☺ und ☺ sich lieben,
zählt ☠ langsam bis sieben ...

7

... bis ☹ und ☹ sich schlagen.
Tja, ☠ sieht's mit Behagen.

Abschied

»Abschied ist ein scharfes Schwert!«
(So sang mal der mit'm Votzenbart...)
Davon bleibt niemand unversehrt,
der nicht aus Geiz mit Herzblut spart.

(Wie heißt der noch, mit'm Votzenbart?
Ich komm nicht drauf. Egal. Erneut:)
So'n Abschied, der ist eisenhart!
(Mein Gott, was bin ich heut zerstreut...)

Adieu! Tschüß! Ciao! Auf Wiedersehn!
Ach Gott, ach je, 's ist allzu schad!
Die Zeit mit euch war wunderschön!
(Wie heißt der noch, der Votzenbart!?

Ich hab's: Es war der Westernha–
nee, Quatsch. Verflixt. Wie heißt der bloß?
Ich hab's doch vorvorgestern ... ah,
jetzt fällt's mir wieder in den Schoß:

Er heißt – verdammt, das ist jetzt schlecht:
Sein Name paßt metrisch nicht recht.
Was mach ich jetzt? – Ich mach mich fort.)
Ade! (Das ist mein letztes Wort...)

Verzeichnis der Gedichtanfänge und -*überschriften*

Abschied 84
»Abschied ist ein scharfes Schwert!« 84
Absinth 58
Absinth, Absinth 58
Ach, lieber guter Herr Gendarm! 57
Acht... neun... aus! 77
Allegorie gegen Natur 19
Als Charge, Knalldepp, als Clown und Maskottchen 44
Am 6.12. pinkelt dreist 51
Ameise und Bmeise 20
Auf den stramm gezurrten Strapsen 55
Auf Pro 7 grinst ein Model 38
Aus jener hohen Eiche Krone 20

Bau dir ein Haus 71
Beständig rennst du gegen Schund 30
Blüht der Raps 77
Bukolikulum 21

Chantal Koslowskis Erleuchtung 39
Christopher-Street-Day 57

Darum 55
Da steht er, der Kobold 21
Der Affe 15
Der alte Schelm 70
Der Braunbär 14
Der Braunbär hat 'nen Arsch wie 'n Berg 14
Der Dichterklause Fenster zeigt 29
Der Frühling so mild 22
Der Nockel 74

Der Ober 57
Der Olympionike 47
Der Regenwurm 16
Der Tycoon 72
Der wahre Esel 76
Des Dichters Phantasie 29
Dichterdrang 27
Dichterschmerzen 31
Die Ballade von der urlaubsreifen Gattin 73
Die Ballade von Xtopia 61
Die Dramen der Damen 49
Die Welt ist unermeßlich 55
Dreisatz 33
Durchsage 42

Ein Porter auf St. Patrick! 56
Es machte sich einmal ein Ober 57
Es war einmal 47
Es war (ein)mal ein Esel 76
Es war einmal ein Nockel 74
Es war mal ein Dandy aus Limerick 56

Fatal 71
Fernseh 38
Fiete liebt Fips Asmussen 67

Geburtstagsverschen für
Heinz-Peter »Heiopei« Freese 48
Geschlechteralltag 49
Geschürt, nicht gerüttelt 41
Gleich gehe ich zu Bett 75
Grad saß ich noch unten, im Eiscafé 28

»Hab ich nie gesagt!« (Karl May) 46
Hamburgensie 67

Herbst in alten Zeiten 37
Heute wirst du neununddreißig 48

Im Fernsehn läuft 'n Quiz 56
Im Zaun 17
Im Zoo 18
Irischer Hattrick 56

Jahreszeiten 22
Jene glitsch'ge Kaulquappe 13

Karriereknick 56
Ken-Kevin kifft 39
Kollege 30

Lob des Quaigus 28

Meine Meinung 43

Nachtigall 55
Nanu, was steht in deinem Buch? 33
Naturlyrik, Anfängerkurs 13
Nikolaus 51
007, 008, 009, 000 40

Quiz 56

Riesenroßkastanienbaum! 17
Riesige Wichte 44
Ruhestand, du lieber Gott! 81

Samstagmorgen. Ich muß dichten 27
Schade 69
Schmerzen drücken, Schmerzen zwicken 31
Sehr geehrte Dam'n und Herrn 43

Sein Name ist Bond 41
»Sich regen bringt Segen!« 16
Smiley spricht zu Totenkopf 82
Smiley und Totenkopf 82
Stoßgebet eines Rentners (mit patzigen Antworten vom lieben Gott) 81

Thriller gestern 40
Traum 57
Trotz tausend Rück- und Zwischenschritten 42

Unfallbericht (Kurzfassung) 58

Von all den Sommerfesten 37

Während Schnaken Klönschnack halten 19
Welt 55
Wenn die Giraffen so putzig gucken 18
Wenngleich ich's morgens oft bereute 70
Weswegen auf diesen genialen Dreizeiler 55
Wie du 75
Wie wird man eigentlich 23
Wie wird man eigentlich…? Heute: Besamungstechniker 23
Wir schreiben zweitausendundzehn 61
Würd' so gerne meine müden 73

Zausen einer Vogelscheuche 15
Zigarette, ekles Ding! 46
Zu kurz blinkte die Wade 57
Zu saufen, zu zocken 69
Zutiefst beschwipst 58

FRANK SCHULZ, geboren in Hagen bei Stade, war in Hamburg kaufmännischer Angestellter; studierte ebendort diverses Geisteswissenschaftliches; dennoch Abschluß.

Frank Schulz wurde ausgezeichnet mit dem Hamburger Literaturförderpreis 1989, dem Förderpreis des Kasseler Literaturpreises 1999, dem Förderpreis des Literaturpreises des Landes Niedersachsen 2001, dem Hubert-Fichte-Preis 2004 und dem Irmgard-Heilmann-Preis 2006. Er lebt und schreibt in Hamburg.

Veröffentlichungen:

Rudi, der Arsch oder Grand ohne Vieren. In »Der Rabe« Nr. 30, Zürich 1991.

Kolks blonde Bräute. Roman. Hagener Trilogie Band I. Haffmans Verlag, Zürich 1991. Neuausgabe: ebenda 1993. Taschenbuchausgabe: Heyne Verlag, München 1998. Neuausgabe: Haffmans bei Zweitausendeins, Frankfurt am Main 2004. Neue Taschenbuchausgabe: ebenda 2005.

Der erste eigene Krimi. Von Frank Schulz (13). Mit Vor-, Zwischen- und Nachbemerkungen von Frank Schulz (37). In: »Der Rabe« Nr. 40, Zürich 1994.

Wochentage 1991. In: »Der Rabe« Nr. 42, Zürich 1995.

Stille Post aus Babel. Eine Pöseldorfer Pornonovelle. In: »Der Rabe« Nr. 51, Zürich 1997.

Portophobie. In: »Der Rabe« Nr. 62, Zürich 2001.

Morbus fonticuli oder Die Sehnsucht des Laien. Roman. Hagener Trilogie Band II. Haffmans Verlag, Zürich 2001.

Neuausgabe: Eichborn Verlag, Frankfurt am Main 2002.
Taschenbuchausgabe: Haffmans Verlag bei Zweitausendeins, Frankfurt am Main 2003.

Kolks blonde Bräute. Das Hörbuch. Eingerichtet vom Autor, gelesen von Harry Rowohlt, Fanny Müller, Marion von Stengel, Gerd Haffmans und Frank Schulz. 7 CDs oder 1 MP3. Haffmans Verlag bei Zweitausendeins, 2004.

Mit Mutterwitz durchs Vaterland. Grußwort zu einer Lesung von Fanny Müller. In: Fanny Müller liest aus *Keks, Frau K. und Katastrophen*. Hörbuch-CD. Haffmans Verlag bei Zweitausendeins, 2005.

Das Ouzo-Orakel. Roman. Hagener Trilogie Band III. Eichborn Verlag, Frankfurt am Main 2006. Taschenbuchausgabe: Haffmans Verlag bei Zweitausendeins, Frankfurt am Main 2008.

Die Hagener Trilogie in Kassette. Mit der Laudatio von Frank Schäfer anläßlich der Verleihung des Hubert-Fichte-Preises an Frank Schulz als Beiheft. Haffmans Verlag bei Zweitausendeins, Frankfurt am Main 2008.

Naturlyrik, Anfängerkurs. Gelegenheitsverse. Miniaturausgabe als Beilage zur Zweitausendeins-Pressevorschau. Frankfurt am Main: Februar 2008.
Erweiterte Buchausgabe: Haffmans Verlag bei Zweitausendeins, November 2008.

»Sehnsucht ist die schlimmste Sucht,
die es gibt. Kriegst du niemals weg.
Wirst du nie geheilt davon.«

DAS OUZO-ORAKEL
Roman. Hagener Trilogie Band III
Bestell-Nr. 240 107
Nur 9.90 €

»Frank Schulz läßt zur Vollendung der »Hagener Trilogie« seinen Ich-Erzähler Bodo Morten nach einem Kollaps ersten Ranges in ein griechisches Dorf namens Kouphala flüchten. Hier, an der historisch-mythischen Odysseus-Bucht, hält der norddeutsche Zausel und Hobbyreligionsstifter den Ball vier Jahre lang sehr flach.

Literatur funktioniert bei Schulz vor allem als Erinnerungsleistung, und wie er hier eintaucht in die Glaskugel abgelebter Kindheit, das gehört zu den vielen Glanzstükken dieses mit nicht mehr zu übertreffender Souveränität komponierten Buches.«

Edo Reents, Frankfurter Allgemeine Zeitung

»Was hier Abend für Abend zusammenschwadroniert wird, im Phantasiedeutsch der Griechen, in esoterischem Berlinerisch oder gelalltem Plattdeutsch, das gibt dem

Roman die stattliche Länge von über 500 Seiten, ohne daß es je zuviel würde.

Bei allem Witz ist das »Ouzo-Orakel« der melancholischste Teil der Suchtromantrilogie.«

Doja Hacker, Der Spiegel

»Furios wie kein anderer erzählt Frank Schulz sein »Ouzo-Orakel«.« *Ulrich Faure, Buchmarkt*

»Er zählt zu den genauesten, unterhaltsamsten, wortgewaltigsten Autoren des Landes.« *Stern*

»Der schräge Schreiber Frank Schulz berichtet in seinem neuen Roman »Das Ouzo-Orakel« vom Leid der Männer: wie Sehnsucht und die Diktatur der Hormone aus einem aufrechten Mann einen Jammerlappen machen. Gnadenlos ironisch.« *Playboy*

»Werden wir Bodo, unseren liebenswerten, mit sich selbst und der Welt handernden Schelm je wiedersehen?«

Rolling Stone

Eine Lebenskrise und eine Flucht,
ein Tagebuch und eine wilde Theorie,
eine Ehefrau und eine Geliebte – und jede Menge
Freunde, die sich die Freude am Alkoholismus
nicht verderben lassen.

MORBUS FONTICULI
oder Die Sehnsucht des Laien
Roman. Hagener Trilogie Band II
Bestell-Nr. 240013
Nur 10.– €

»Mit diesem Werk schreibt sich Frank Schulz vom ›Geheimtip‹ in die erste Reihe der deutschsprachigen Literatur.« *Klaus Modick*

»›Kolks blonde Bräute‹ hieß der hinreißende Debütroman. Zehn Jahre später macht er ein ganz großes Faß auf: Frank Schulz ist ein Meister der Komik. Ein Realist, den die umwerfende Banalität in den Humor treibt. Um die Misere ins Komische zu wenden, zieht er alle Register: Scherz, Satire, Ironie, Kalauer, Parodie, Nonsens et alia. Er hat ein fledermausfeines Ohr für die Tonfälle der Alltagssprache. Eine furiose Mischung aus Schelmen-, Heimat-, Sitten- und Sozialroman, ein humoristisch-realistisches Monumentalwerk.« *Michael Kohtes, Die Zeit*

»Ein wahrhaftes Buchstabengebirge, ein echtes Opus magnum, das Laurence Sterne, Arno Schmidt, Eckhard Henscheid, also einige der sprachmächtigsten Exponenten der komischen Literatur, beerbt und auf originäre Weise fortschreibt. Die Seiten, in denen er sich seiner Kindheit vergewissert, sind vielleicht die schönsten dieses großen Buches.« *Frank Schäfer, Neue Zürcher Zeitung*

»Komischer geht eigentlich nicht ... Mit überwältigender Großzügigkeit verteilt Frank Schulz seine Wortschätze, schmiedet originelle Bilder, entwirft amüsante Kneipenszenen, bestückt unermüdliche die Jukebox, choreographiert Tresenballets. Seit Eckhard Henscheid hat man nicht mehr so schöne Zechzeremonien gelesen. Ein Meisterwerk der literarischen Hochkomik.«

Stephan Maus, Süddeutsche Zeitung

»Trinken« und »Trost«.
Fangen so ähnlich an und hören so verschieden auf.

KOLKS BLONDE BRÄUTE
Roman. Hagener Trilogie Band I
Bestell-Nr. 240040. Nur 8.90 €

Vier Freunde – Heiner, Bodo, Satschesatsche und unser Held Kolk – treffen sich turnusmäßig in der Hamburger »Glucke« zum Skat.

Wenn er nicht gerade in einer Kneipe herumhängt, und er hängt eigentlich immer in einer Kneipe herum, geht Kolk seinem bürgerlichen Beruf als Briefträger nach. Und da widerfährt ihm, wovon alle Postboten träumen, die gern zweimal klingeln: Eine langbeinige Traumbraut mit blonden, lang gewellten Haaren, makellosem Gesicht, vollen Schultern, über deren Kuppen Spaghettiträger rutschen, üppigen Brüsten mit schattiger Schlucht, vollblutroten feuchten Lippen erscheint.

Die Aushändigung eines Einschreibebriefes wird für Kolk zum epiphanischen Erlebnis, zum Dreh- und Wendepunkt seines Lebens und zum allerschönsten ewigen Kneipenerlebnisbericht für die Freunde der Becherrunde. Seitdem ist nicht nur Pils Kolks blonde Braut.